CHUUUT…

Petit guide illustré pour méditer autrement

Texte et illustrations de Matthew Johnstone
Traduit de l'anglais par Dominique Prédali

DAUPHIN

Titre original : QUIET THE MIND - An Illustrated Guide on How to Meditate
Éditeur original : Pan Macmillan Australia Pty Ltd

MACMILLAN
Pan Macmillan Aus

ISBN : 978-2-7163-1486-2

CHUUUT...

« UN ESPRIT SAIN RESPIRE BIEN. »

ANON

Avant-propos

Rester immobile pendant 10 ou 20 minutes par jour peut sembler facile, mais pour certaines personnes, c'est un vrai défi pratiquement impossible à relever.
Il y a toujours quelque chose à faire, quelque part où aller.
On est sans arrêt en train de bouger, de remuer. Et on ne peut pas constamment bouger sans penser constamment et penser constamment peut devenir épuisant. Ça peut se traduire par du stress, des insomnies, des angoisses et de la dépression si le problème n'est pas traité.
Depuis que le monde a basculé dans la connexion permanente, rester assis sans rien faire est pratiquement devenu mission impossible. Le câble, l'internet, les smart phones, les réseaux sociaux, les tweets, les blogs, les mails, les SMS – tous des avancées technologiques significatives et utiles mais chronophages au point d'engloutir tous nos moments de veille dans le besoin de faire ou de dire quelque chose. Et tout ça vient s'ajouter à la gestion du quotidien.
Sans temps de repos, on commence à perdre son imagination et sa créativité précieuses.
Un cerveau en forme doit travailler mais il est tout aussi important qu'il fasse un break ou des pauses régulières. Si vous apprenez à méditer, votre être tout entier vous remerciera.
Vous vous sentirez plus ancré dans le présent, plus jeune, plus énergique, plus concentré, de meilleure humeur et vous dormirez mieux. Vous serez mieux équipé et plus résilient pour cette vie à 100 à l'heure.

Il y a ceux qui voient la méditation comme une petite fantaisie – ou une perte de temps. Et qui ont très peur qu'elle ne les ramollisse alors qu'en fait, c'est tout le contraire.
La méditation donne du temps et fait le grand ménage pour laisser la place à la créativité et la productivité.
Pour d'autres la méditation est un truc de hippie, plutôt marginal et branché spiritualité. Je ne suis pas un gourou de la méditation ni un guide spirituel. Je n'ai jamais mis les pieds dans un ashram. Je suis incapable de distinguer un chakra de l'autre, de réciter du Sanskrit et de rester dans la position du lotus pendant des heures sur un sol dur. Je ne connais pas le sens de la vie mais ce que je sais, c'est que la vie est tellement plus agréable lorsque je médite.
Il existe de nombreuses formes de méditation qui ont toutes leurs avantages, subtilités et techniques propres ; le message et les concepts visuels ne sont là que pour vous aider à méditer assis tout en prenant conscience de votre respiration.
Je vous suggère de lire ce livre deux fois avant de vous lancer dans la méditation, simplement pour vous donner le temps d'assimiler les concepts visuels. Et surtout, essayez de vous concentrer sur votre respiration pendant que vous le parcourez.
Chaque fois que vous voyez les mots « **inspirez et expirez** » prenez conscience de votre respiration et pendant que vous le faites, laissez-vous aller consciemment pour vous détendre et vous sentir calme.

Matthew Johnstone

Pensez à cela :
Derrière les portes
de votre esprit,
il y a une ville.

Où vous trouverez des salles de cinémas
rien que pour vous.

Des galeries d'art toujours ouvertes pour vous inspirer.

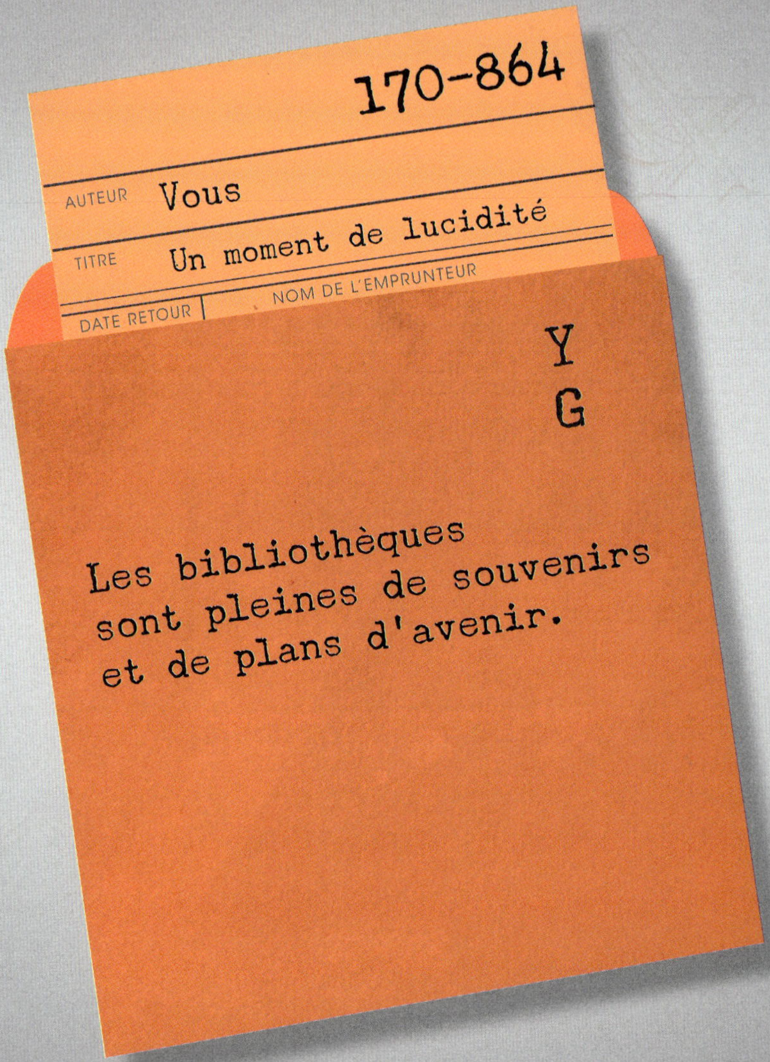
170-864
AUTEUR Vous
TITRE Un moment de lucidité
DATE RETOUR
NOM DE L'EMPRUNTEUR
Y
G
Les bibliothèques
sont pleines de souvenirs
et de plans d'avenir.

La vision
de
mon avenir
par moi
ha ha ha
ha ha
par moi
Le Grand Livre de l'amour
Le Bon
Vieux
Temps
par moi

Il y a des parcs où l'esprit
peut vagabonder en toute liberté.

D'immenses usines où sont fabriqués les rêves et la créativité.

C'est un endroit
où l'amour, la chaleur
et la joie abondent.
C'est notre
état naturel.

Malheureusement notre paysage mental ne reste pas toujours aussi parfait – il peut être pollué par des pensées négatives.

C'est là que tout peut aller de travers et c'est pourquoi il est si important d'apprendre à *calmer son esprit*.

24/7

Sur une période de 24 heures, on peut traiter jusqu'à 70,000 pensées et ce, même en dormant. Il y a 86,400 secondes dans une journée ce qui équivaut à une pensée toutes les 1.2 secondes ou deux pensées par battement de cœur.

En fait, le cerveau ne s'arrête jamais !

BLA BLA
BLA BLA
BLA BLA
BLA BLA
BLA BLA
BLA BLA
BLA BLA
BLA BLA
BLA BLA
BLA BLA
BLA BLA
BLA BLA
BLA BLA
BLA BLA
BLA BLA
BLA BLA
BLA BLA
BLA BLA
BLA BLA
BLA BLA
BLA BLA
BLA BLA
BLA BLA
BLA BLA
BLA BLA
BLA BLA
BLA BLA
BLA BLA
BLA BLA
BLA BLA
BLA BLA
BLA BLA
BLA BLA
BLA BLA
BLA BLA
BLA BLA
BLA BLA
BLA BLA

L'éternel bavardage mental, qui occupe une grande partie de nos pensées, risque de passer du côté obscur si on ne le contrôle pas. Ces pensées négatives peuvent devenir beaucoup plus persuasives et dominantes que celles qui sont positives et encourageantes.

Et elles résonnent plus fortement la nuit.

Les pensées peuvent
devenir obsessionnelles ;
elles peuvent devenir
aussi collantes et répétitives.

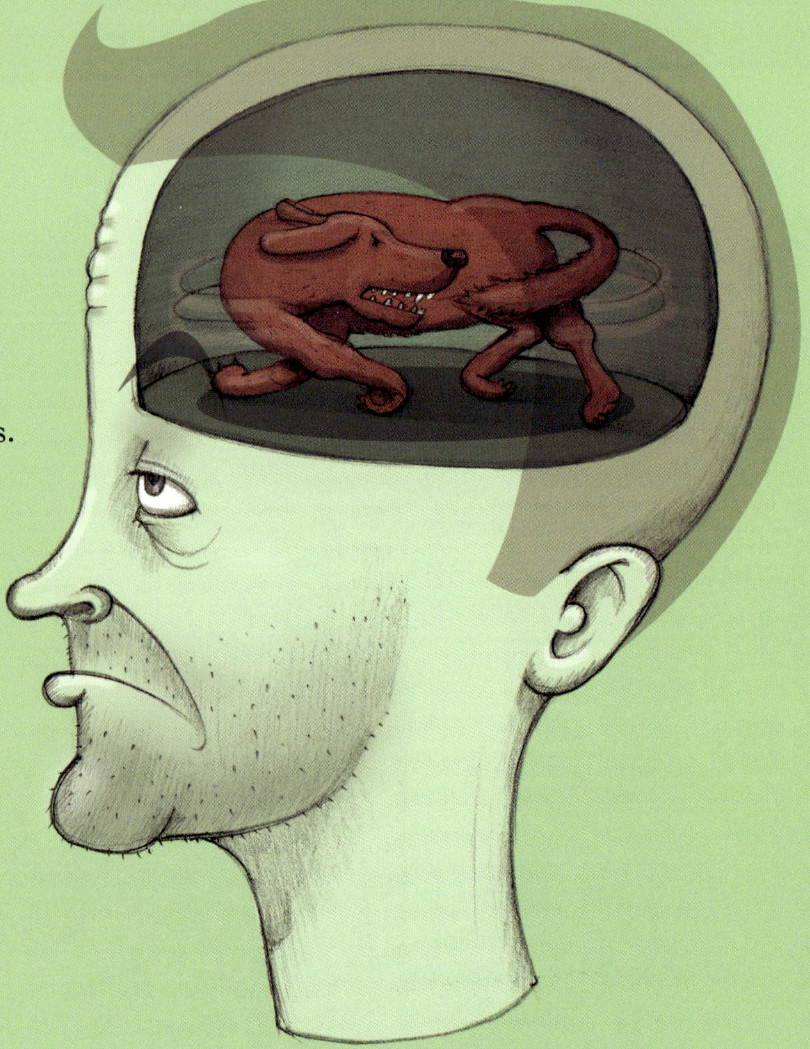

C'est parce que dans
notre bibliothèque mentale
il y d'énormes rayonnages
classés par plaintes, malheurs,
peurs, regrets et blessures.

Tout comme un ordinateur, votre cerveau
peut être envahi d'éléments inutiles et,
on ne sait pas pourquoi, ils occupent plus
de mémoire et d'espace que les données importantes.

Difficile de se concentrer avec une mémoire
pleine de mauvaises pensées.

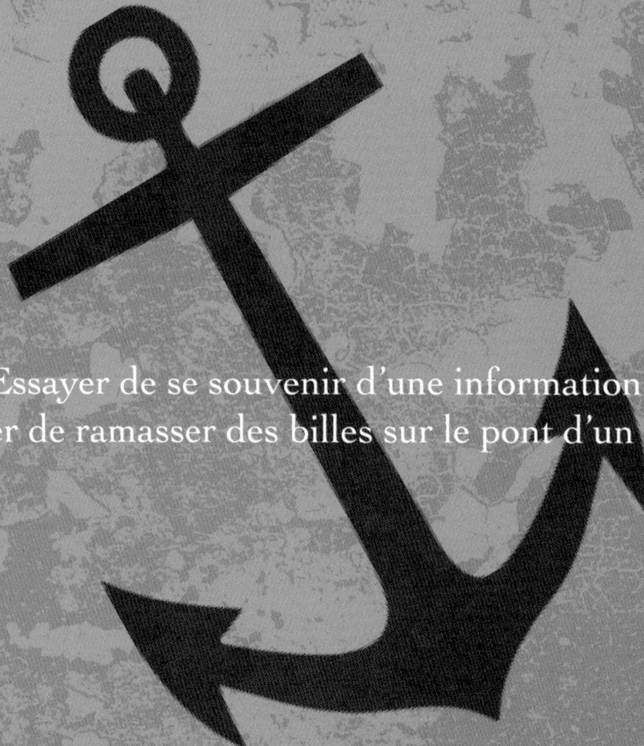

Essayer de se souvenir d'une information,
c'est comme essayer de ramasser des billes sur le pont d'un bateau qui tangue.

HMS INSPIRATION
HMS INSPIRATION

Cette façon de penser peut être un facteur
de stress, d'angoisse, de dépression et de burn-out.

Il existe une solution simple pour être plus calme, plus concentré, plus présent et plus heureux. Des études prouvent qu'elle diminue le stress, améliore le métabolisme, diminue la douleur, fait baisser la tension, améliore la respiration et stimule les fonctions cérébrales.

Elle ne coûte rien et tout ce que vous avez à faire, c'est

NE RIEN FAIRE.

On vous explique.

QUAND

Lorsqu'elle est pratiquée correctement, la méditation peut être plus réparatrice que le sommeil. On peut méditer n'importe quand mais l'un des meilleurs moments est une demi-heure avant le lever, parce que c'est le moment le plus calme de la journée. N'essayez pas de méditer au lit, c'est nettement moins efficace. Les autres meilleurs moments sont la fin d'après-midi ou le début de soirée. Certains trouvent qu'en méditant avant de se coucher, dorment mieux. Si vous vous réveillez en pleine nuit et que vous n'arrivez pas à vous rendormir, plutôt que de vous tourner et vous retourner dans votre lit, levez-vous et méditez. Une fois que vous aurez retrouvé le calme, vous aurez plus de chances de vous rendormir plus facilement.

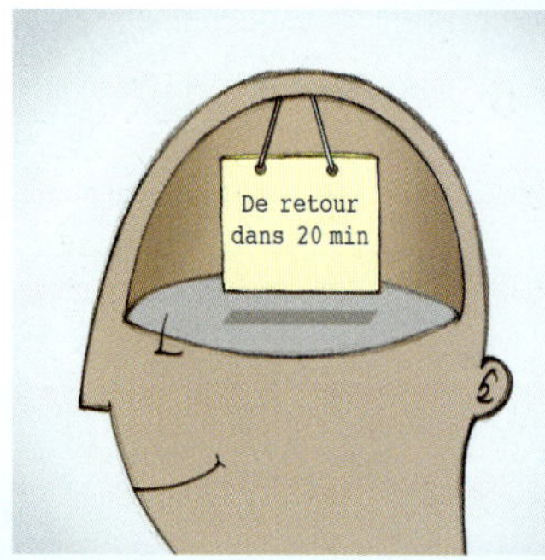

POURQUOI

AVANT

AVANT

AVANT

APRÈS

APRÈS

APRÈS

PRÉPARATION

On obtient les meilleurs résultats dans un environnement sans bruit.

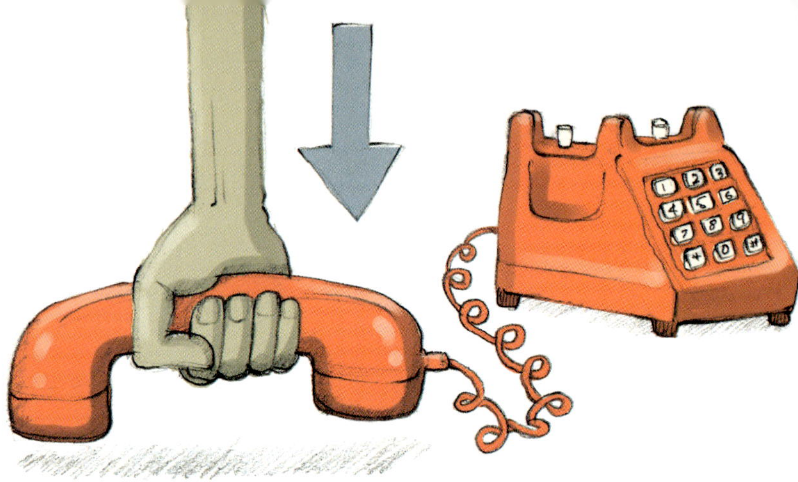

On décroche son téléphone.

On ne parle plus.

ÉQUIPEMENT

Pas indispensables mais hyper efficaces pour minimiser le bruit et cibler l'attention sur la respiration : des bouchons d'oreille ou un casque à réduction de bruit.

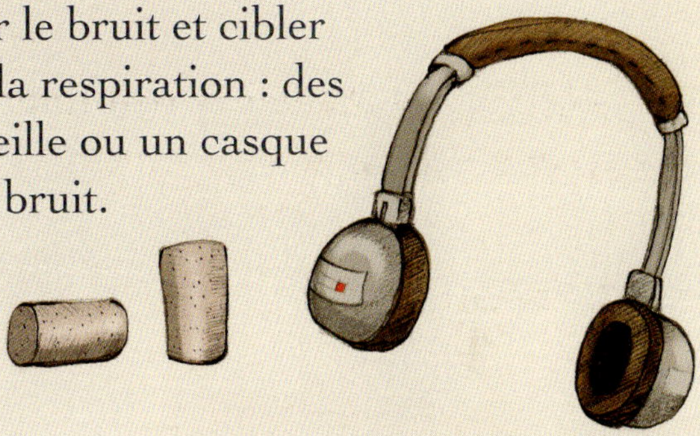

Un fauteuil à dossier droit, ferme mais confortable.

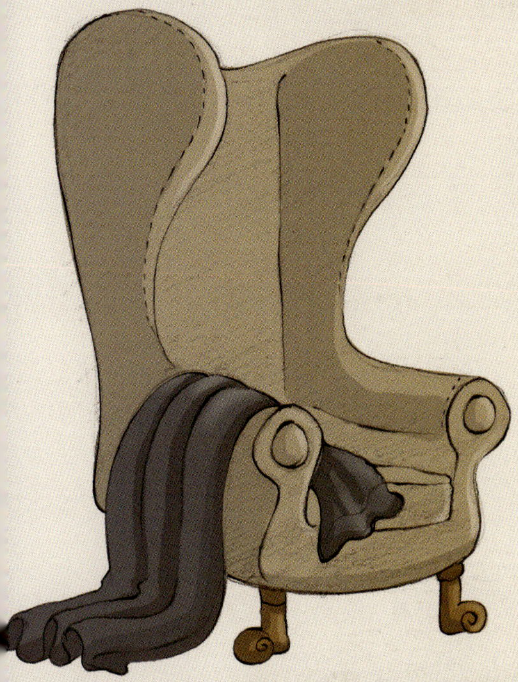

Une petite pancarte pour vous rappeler que vous avez besoin de calme.

Un réveil.

Et si vous en avez besoin, une couverture pour vous tenir chaud.

Un coussin à placer dans le bas du dos.
Il vous aidera à rester assis bien droit.

Lorsque vous méditez, utilisez la pièce
la plus calme de la maison.
Faites-en un endroit aussi douillet,
calme et confortable que possible.

Si vous méditez dans le noir,
vous risquez de vous endormir,
alors allumez une veilleuse
ou une lumière douce, tamisée.

LA POSITION

Votre position doit être aussi droite et symétrique que possible.

Imaginez que vous êtes un garde à Buckingham Palace, mais assis.

Vous devez être alerte mais détendu.

RIDER ET DÉRIDER

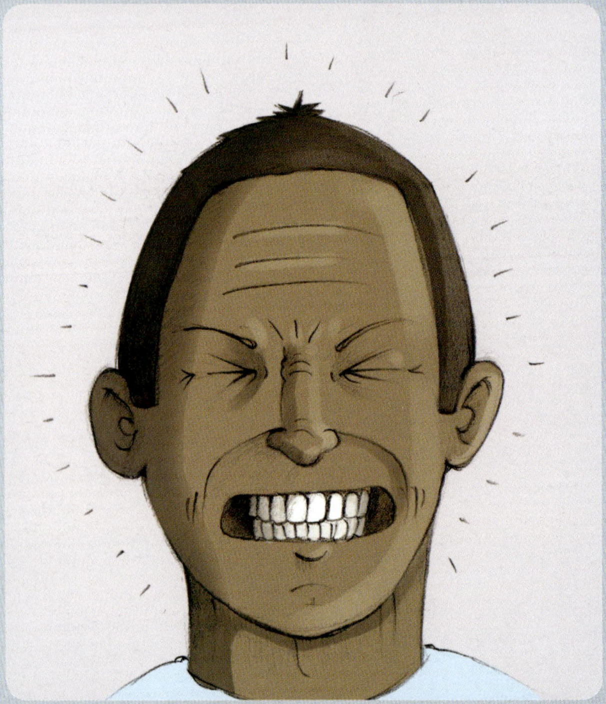

Avant de faire quoi que ce soit, vous pouvez utiliser la technique suivante pour vous relaxer. Commencez par contracter et relâcher les orteils, les pieds puis tous les autres muscles en remontant lentement jusqu'au sommet du crâne. Sentez la différence entre les muscles contractés et relâchés. Cet exercice vous aide à prendre conscience de votre corps.

QUE FAIRE DE VOS MAINS ?

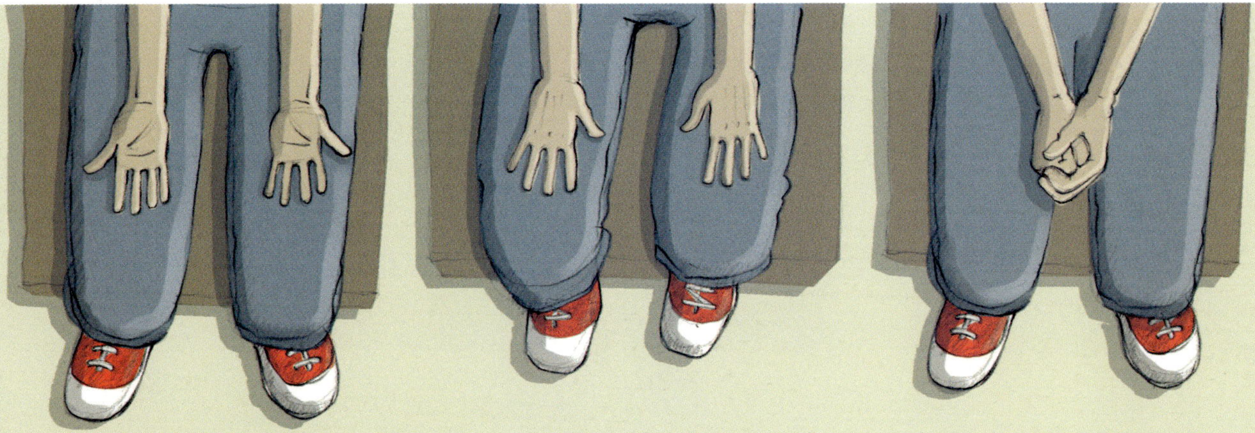

Tournez les paumes vers le haut.

Ou vers le bas, si c'est plus confortable.

Ou mettez une main dans l'autre.

Pensez à un chat lové dans un panier.

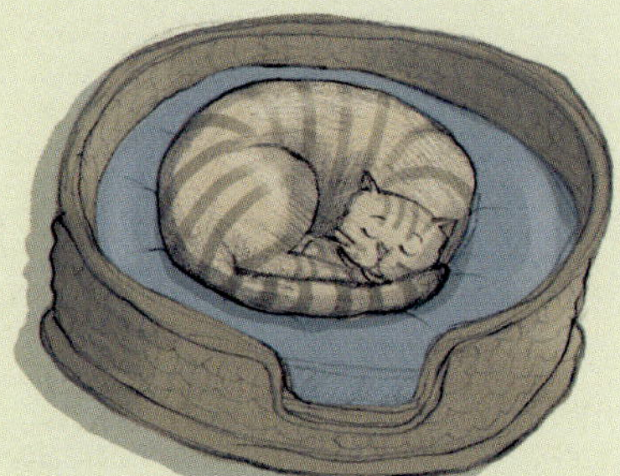

ON FAIT LE VIDE

Ensuite fixez un point sur le mur en face de vous et imaginez que vous poussez le mur très loin, vers l'infini. C'est le moment de faire taire le bavardage mental.
Prenez 3 à 6 respirations profondes et lentes. Laissez votre vision se brouiller puis fermez les yeux lentement.

ENTREZ EN VOUS-MÊME

Tout en gardant les yeux fermés concentrez-vous sur les bruits en dehors de la pièce. Vous entendez peut-être des voitures, un chien qui aboie, le vent. Focalisez votre attention sur ces bruits.

Puis concentrez-vous sur les bruits dans la pièce. Vous entendez peut-être une horloge, le ronronnement d'un appareil électrique, la maison qui grince. Reconnaissez ces bruits aussi.

Maintenant écoutez les bruits dans votre corps, votre respiration, votre cœur qui bat, le léger sifflement dans vos oreilles. C'est là que vous devez concentrer votre attention, à l'intérieur de vous-même, pas à l'extérieur.

C'EST DANS LE NEZ QUE ÇA SE PASSE

Ce livre vous propose de nombreuses analogies visuelles, mais s'il y a une chose à ne pas oublier pendant la méditation, c'est votre nez et la respiration qui y entre et qui en sort.

Voyez votre nez comme un phare qui vous donne tous vos appuis pour méditer.

Si vous vous perdez dans une mer de pensées, visualisez votre phare et revenez à votre respiration.

Si vous entendez un chien aboyer, revenez à votre respiration.

Si votre position n'est pas confortable, déplacez-vous légèrement et revenez à votre respiration.

Inspirez expirez en douceur, lentement et régulièrement.

... inspirez et expirez... inspirez et expirez...
inspirez et expirez ...

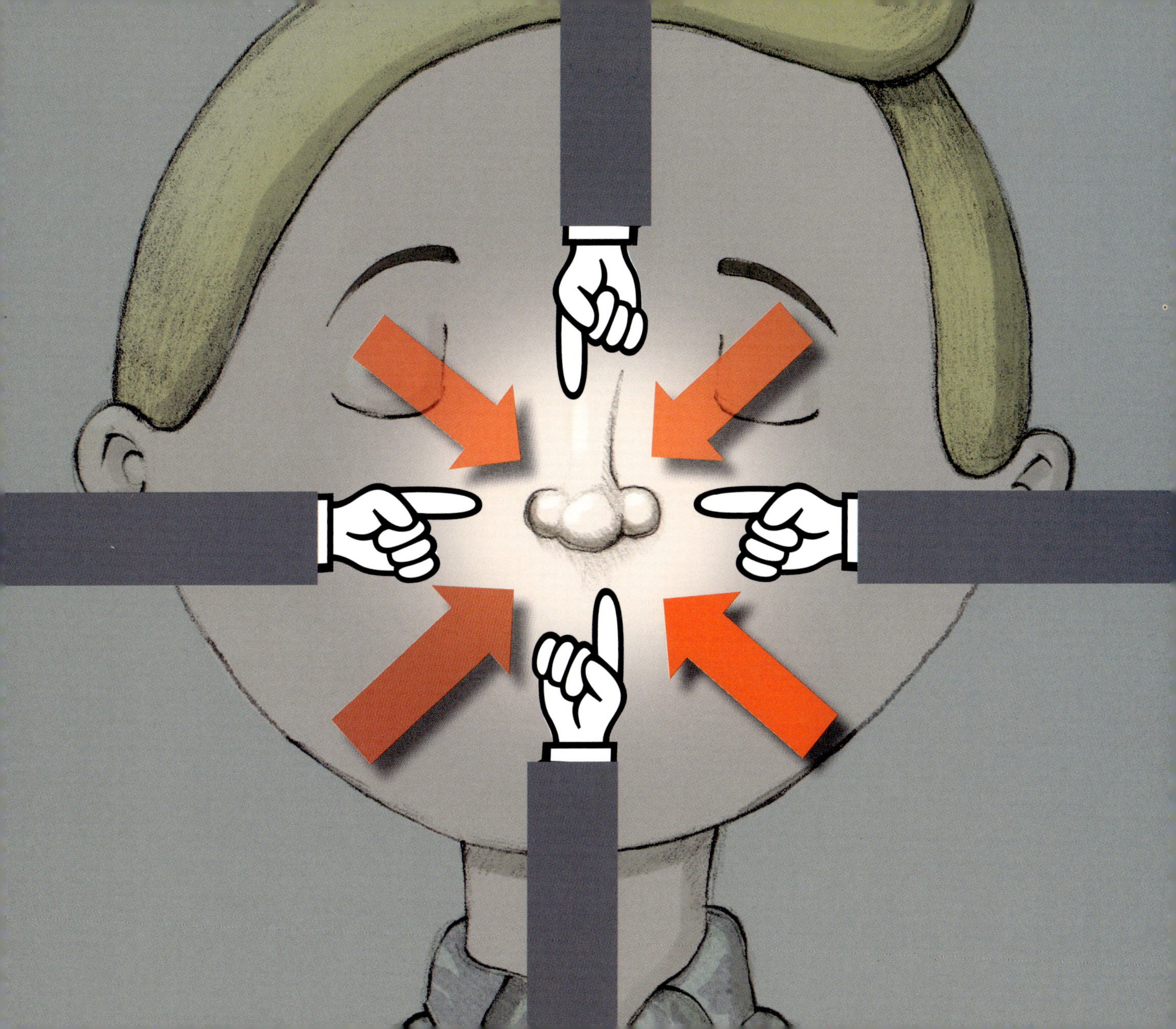

schaaar
nommm

LA MOUSTACHE MANTRA

Utiliser un mot ou un mantra est un truc pratique pour se concentrer sur la respiration. Et pour empêcher l'esprit de vagabonder. Choisissez des mots ronds, doux, agréables. Des mots neutres, associés à rien et qui n'évoquent aucun sentiment.

Un mantra peut être composé de deux mots ou de deux syllabes (une pour l'inspiration et l'autre pour l'expiration).

Je – Suis Heu – reux Ai – mant

Les mantras peuvent ne rien vouloir dire du tout. Vous pouvez inventer les vôtres.

Schaaar – nommm Baaaar – rommm Gaaar – rommm

Lorsque vous utilisez un mantra avec votre respiration, essayez de prendre conscience de l'espace entre chaque mot, syllabe et respiration – c'est là que se trouvent le silence et la tranquillité.

... inspirez et expirez... inspirez et expirez...
inspirez et expirez ...

DES PENSÉES CALMES À AVOIR EN TÊTE

Pressez délicatement le bout de la langue contre le palais. C'est un truc pour se rappeler de garder la tête bien droite. C'est aussi une mesure de sécurité pour éviter de piquer du nez.

Sourire libère des endorphines (le relaxant naturel du cerveau), alors visualisez-vous avec un doux sourire et vous en aurez sans doute un pendant que vous méditez.

... inspirez et expirez... inspirez et expirez...

À chaque fois que vous inspirez et que vous expirez,
pensez à vos pieds qui s'enracinent dans le sol.
Plus les racines seront profondes, plus votre méditation le sera aussi.
Ces pensées sont des ancrages dans le moment présent
et vous aident à rester centré.

À chaque respiration qui vous amène
en méditation, visualisez un petit bonhomme
en train de tirer sur un fil invisible qui passe
dans votre colonne vertébrale, votre cou
et le sommet de votre crâne.
Vous êtes assis avec un but bien précis.

... inspirez et expirez...
inspirez et expirez...

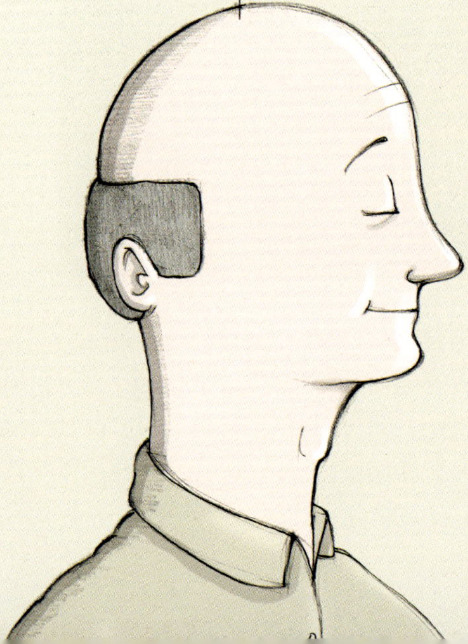

Avec une pratique régulière de la méditation, vous garderez votre tête et votre posture droite sans effort et vous sentirez votre colonne vertébrale et votre cou s'allonger.

PENSEES ENTRANTES

Pendant que vous méditez, surtout au début, des pensées vont remonter naturellement à la surface comme de petites bulles. Vous penserez à des choses à faire, des conversations à reprendre, des frustrations, vous ferez votre autocritique, des plans d'avenir ou vous revivrez le passé. Des tas de choses vont troubler la paix de votre esprit.

Le plus important, c'est de NE pas vous énerver contre vous-même. Contentez-vous d'observer ces pensées, puis laissez-les s'en aller. Ne les poursuivez pas, ne les jugez pas et ne les rejetez pas. Les pensées pendant la méditation peuvent être un moyen pour l'esprit de libérer le stress et la tension ; pensez à des bulles dans une coupe de champagne. Quand les turbulences mentales vous empêchent de méditer, ne desespérez pas, tout n'est pas perdu.

La méditation est un moment pour vous faire du bien.
Ne vous énervez pas parce que vous ne pouvez pas vous empêcher de penser, de piquer du nez ou de vous gratter.

Arrêter le flot des pensées peut être difficile mais, avec de la patience et une certaine discipline, on peut y arriver.
C'est bien pour ça qu'on dit que la méditation est une pratique.

... inspirez et expirez...
inspirez et expirez...

Voyez vos pensées comme un troupeau de moutons en train de somnoler. Si l'un d'eux essaie de se sauver, envoyez le chien berger pour qu'il le ramène.

... inspirez et expirez... inspirez et expirez... inspirez et expirez...

Comme à la pêche à la ligne,
vos pensées vagabondes
sont les poissons.
Lorsque vous attrapez une pensée,
observez-la et relâchez-la.

Il n'y a pas de mal.

On revient à la respiration.

... inspirez et expirez...
inspirez et expirez...
inspirez et expirez...

Ne vous découragez pas
si vous ne pouvez pas vous empêcher de penser.
Les pensées vagabondes sont naturelles.
Essayez de vous placer en simple observateur,
sans vous impliquer directement.

Observez et relâchez.

Observez et relâchez.

On revient à la respiration.

... inspirez et expirez...
inspirez et expirez...

... inspirez et expirez... inspirez et expirez...
inspirez et expirez ...

À chaque fois que vous respirez pour entrer en méditation, prenez conscience de votre esprit et de votre corps qui ralentissent comme un bateau après avoir navigué « à toute vapeur » sur des mers agitées. Il ralentit au maximum en rentrant dans le calme d'un port intérieur.

VISUALISEZ-VOUS

Avant de commencer à méditer, vous pouvez visualiser des images pour vous aider à entrer dans cette zone. Les pages suivantes donnent quelques suggestions. Bien évidemment, vous pouvez choisir les vôtres mais évitez les prises de tête.

Imaginez-vous en plongeur assis sur un rocher.

L'eau est chaude, claire et très calme.

Visualisez votre pensée consciente comme la surface de l'océan – elle est là-bas. Elle est peut-être un peu agitée – mais cela ne vous affecte pas.

À chaque fois que vous expirez, des bulles d'oxygène montent à la surface.

Comme l'océan autour de vous, vous devenez de plus en plus calme.

... inspirez et expirez... inspirez et expirez...
inspirez et expirez...

Visualisez-vous comme un gros rocher assis bien tranquillement pour l'éternité.
Vous vous chauffez au soleil.
Vous êtes conscient de votre environnement mais rien ne peut vous affecter.
Vous êtes un rocher bien chaud en place depuis des milliers d'années.
Vous observez sans vous impliquer.

... inspirez et expirez... inspirez et expirez...
inspirez et expirez ...

Visualisez-vous loin dans l'espace.
Votre vaisseau fiable est en pilotage automatique –
des petites lumières clignotent doucement.
Vous n'avez à vous inquiéter de rien.

À chaque fois que vous inspirez et que vous expirez,
les étoiles sont plus brillantes et vous commencez à ressentir
l'immensité de l'univers.

... inspirez et expirez... inspirez et expirez...
inspirez et expirez ...

Il n'y a pas d'endroit
plus calme
que l'espace
qui existe entre
chaque respiration.

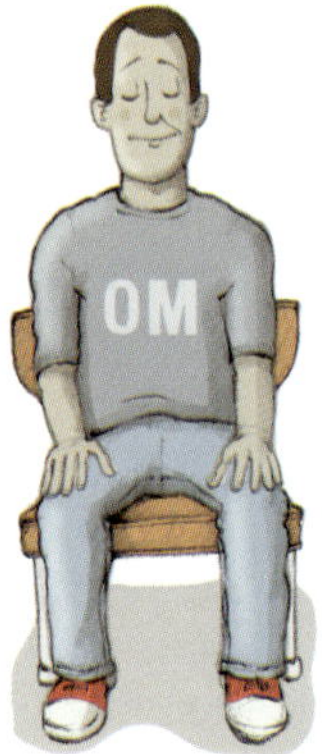

Avec de la pratique, vous pouvez créer
votre propre silence intérieur, n'importe où.
C'est comme si vous étiez dans une pièce vide
avec seulement vous-même.

Nulle part où aller. Personne à voir. Rien à faire.
Simplement respirer.

... inspirez et expirez... inspirez et expirez...
inspirez et expirez ...

Pendant que vous méditez, vous ressentirez peut-être des sensations inhabituelles, très agréables pour la plupart. Essayez de ne pas focaliser votre attention sur elles ; acceptez-les tout simplement.

Sérénité

Montées d'énergie

Compréhension

Fourmillement

Ralentissement du cœur et de la respiration

Sensations d'apesanteur

... inspirez et expirez...
inspirez et expirez...

Après environ 20 minutes (ou plus si vous en avez envie), ramenez progressivement votre conscience dans la pièce et dans votre corps. Lorsque vous êtes prêt, prenez quelques belles respirations amples et profondes, remplissez vos poumons et ouvrez lentement les yeux.

NE BOUGER PAS

Avant de vous lever et de bouger, restez assis pendant une ou deux minutes, en silence et concentrez-vous sur votre respiration.

Remarquez comme tout est immobile.

Pensez à la journée à venir ou écoulée.

Pensez à votre envie de voir les autres.

Pensez aux raisons que vous avez d'être vraiment reconnaissant
Pensez au sentiment d'apaisement que vous ressentez à ce moment précis – et gardez cette paix avec vous.

Levez-vous et étirez-vous.

LE MEILLEUR MÉDICAMENT EST
LA MÉDITATION QUOTIDIENNE

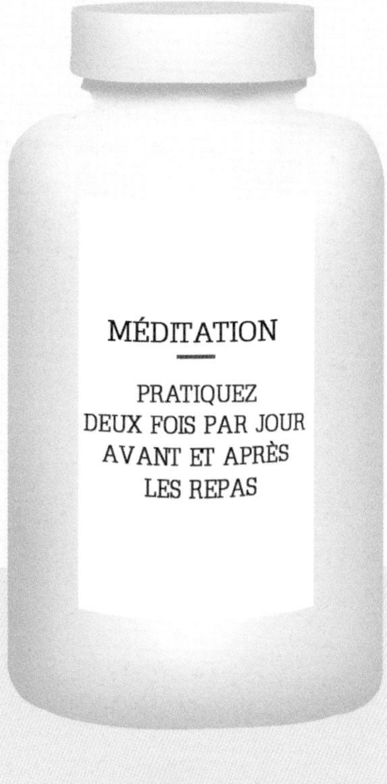

DERNIÈRES PENSÉES ÉCLAIRANTES

Toutes les idées et métaphores visuelles proposées par ce livre pour entrer dans la zone de méditation ne sont qu'un guide ou un ensemble d'outils que vous êtes libre d'utiliser ou non.
Le plus important, c'est de ne pas se prendre la tête avec la méditation. Une fois que vous savez faire du vélo, même si vous devez rester attentif, et anticiper certaines situations vous ne vous prenez pas la tête. Lorsque vous roulez, vous ne pensez pas « je dois pédaler, je dois rester en équilibre, je dois tenir le guidon ! » Pour que tout se passe bien, il faut sans arrêt faire de petits ajustements subtils. Et c'est pareil pour la méditation.
Alors faites du bien à votre esprit, votre corps, votre âme en vous engageant à pratiquer la méditation une ou deux fois par jour pendant quatre à six semaines. Pendant ce temps, tenez un journal et notez comment s'est passée la méditation, ce que vous avez remarqué et comment vous vous sentez avant et après chaque séance. Normalement, vous en ressentirez les bienfaits et vous ajouterez une séance quotidienne à votre emploi du temps.

Les choses à conserver dans un esprit (calme) :

- La respiration est la clé
- Il n'y a pas de bonnes ou de mauvaises façons de méditer
- Soyez gentil avec vous-même
- Observez vos pensées et relâchez-les
- Un mantra fait circuler la respiration
- Faites ce qui vous convient le mieux
- Soyez fier d'essayez la méditation
- Et surtout ne méditez pas pendant que vous faites du vélo…

« om » inspire et « om » expire !

ON

Les livres sur la méditation sont nombreux. Ce livre concerne tous ceux que ça intéresse mais qui ne savent pas par où commencer.
La méditation a évolué pendant des milliers d'années ; il existe des myriades de manières de méditer et elle fait partie de nombreuses pratiques religieuses et spirituelles.
Plus récemment, les services psychiatriques ont trouvé que la méditation et la pleine conscience avaient un grand rôle à jouer pour combattre les maladies mentales telles que la dépression, l'angoisse, le stress post-traumatique, etc.
Donc si vous souhaitez en savoir plus sur la méditation, vous pouvez commencer par les livres ci-dessous :

Kabat-Zinn, Jon : *Où tu vas, tu es - Apprendre à méditer pour se libérer du stress et des tensions profondes*, J'ai lu, 2005.

Tolle, Eckhart : *Le pouvoir du moment présent - Guide d'éveil spirituel*, J'ai lu, 2010.

Thich, Hanh Nhat : *Le miracle de la pleine conscience*, J'ai lu, 2010.

Vous ne pouvez pas arrêter les vagues,
mais vous pouvez apprendre à surfer.

Jon Kabat-Zinn.

AUTRES LIVRES DE MATTHEW JOHNSTONE

LIVING WITH A BLACK DOG

Titre provisoire : COMMENT VIVRE AVEC UNE PERSONNE DÉPRESSIVE

de Matthew et Ainsley Johnstone

Publié en français par le même éditeur et disponible en librairie fin 2013.

Des millions de personnes peuvent souffrir de dépression à un moment ou un autre de leur vie. Quand elle survient, elle affecte non seulement la personne mais aussi son entourage proche.

Comment vivre avec un personne dépressive est un guide illustré mettant en scène des situations de tous les jours et accompagnant tous les lecteurs (la famille, les amis, les collègues de travail) en lien avec une personne dépressive. Selon chaque situation, il aide les personnes qui vivent avec, à avoir le bon geste et le bon mot pour vivre le mieux possible chaque circonstance.

I HAD A BLACK DOG

de Matthew Johnstone

THE ALPHABET OF THE HUMAN HEART

de Matthew Johnstone
et James Kerr

Dépôt légal : janvier 2013 - IMPRIMÉ EN FRANCE
Achevé d'imprimer le 14 janvier 2013 sur les presses de l'imprimerie « La Source d'Or » - 63039 Clermont-Ferrand
Imprimeur n° 16314

IMPRIM'VERT 2013 PEFC PEFC/10-31-2008

Dans le cadre de sa politique de développement durable, La Source d'Or a été référencée IMPRIM'VERT® par son organisme consulaire de tutelle.
Cet ouvrage est imprimé - pour l'intérieur - sur papier couché « Condat Silk » 135 g provenant de la gestion durable des forêts, fabriqué par les papeteries Condat selon les normes environnementales E.M.A.S., ISO 9001 et ISO 14001.